MÉMOIRE

SUR LA MISSION DE SIAM.

MÉMOIRE

SUR LA

MISSION DE SIAM.

Il serait impossible d'avoir une idée juste de la Mission et de la position des Missionnaires, si je ne donnais pas d'abord quelques notions sur le pays, les peuples qui l'habitent, leurs mœurs et leur religion. J'espère que ces détails sur une contrée bien peu connue auront quelqu'intérêt pour le lecteur.

1. ÉTENDUE.

La Mission de Siam comprend tout le royaume qui s'appelle aujourd'hui Muang-Thaï et une douzaine de petits royaumes soumis au roi de Siam, à savoir : au midi , les royaumes de Tringanu , Kalantan , Patani , Quedah, Songkhlá et Ligor ; à l'est, le royaume de Korát et le Camboge ; au nord, les royaumes Lao, dont les principaux sont : Xieng Mai, Lakhon, Muang Phrë, Muang Nàn ; Vieng Chan, Luang Phra, Bang, etc. ; ce qui fait une étendue de quatre cents lieues sur une moyenne de cent lieues en largeur.

2. POPULATION PAYENNE.

La population de ce vaste pays ne s'élève guère qu'à six millions d'âmes ; elle est composée d'environ trois millions de Siamois et Lao, un million et demi de Chinois, un million de Malais, cinq cent mille Cambogiens, et environ cinquante mille Pégouans.

Il y a en outre plusieurs tribus (premiers habitants du pays) qui vivent au milieu des plus épaisses forêts, et qui paient tribut au roi chaque année, ce sont : les Karieng, les Lava, les Kha et les Xòng.

3. CLIMAT.

A Siam on ne connaît que deux saisons; celle des pluies qui commence en avril et dure six mois, pendant lesquels souffle un fort vent du sud-ouest. Des pluies abondantes tempèrent la chaleur, font grossir et déborder les rivières et les fleuves; des plaines immenses, semées de riz, sont inondées plusieurs mois, le riz y croît à merveille, le poisson s'y multiplie, c'est ce qui fait la richesse du pays. La saison de la sécheresse commence à la fin d'octobre. Alors un bon vent du nord-est, sec et d'une fraîcheur agréable, dessèche les eaux qui rentrent dans leur lit; c'est le moment de la pêche et de la moisson, et pendant plusieurs mois, jusqu'à l'approche des pluies, le ciel est d'une sérénité parfaite. En général le climat de Siam est assez sain, surtout dans les plaines, mais dans les montagnes et dans les forêts on est exposé à des fièvres mortelles qui enlèvent les voyageurs en quelques jours.

4. PRODUCTIONS.

Ce pays est riche en mines d'or, de cuivre, d'étain, de plomb et de fer; le sol y est d'une fertilité prodigieuse. Les environs de la capitale, sur une étendue de dix lieues, ne sont que d'immenses jardins arrosés naturellement, au moyen de petits canaux, par l'eau du fleuve qui monte et descend deux fois par jour par l'effet du flux et du reflux de la mer. Les fruits et les légumes y abondent, et sont d'une excellente qualité. Les principaux fruits sont ; la noix du palmier, le coco, le dourien, le jacca, le mangoustan, l'ananas, l'orange, le cédrat, les mangues, l'arbre à pain, le litchi, la goyave, les attes, la papaye, le jambou, le raboutan, sans compter une foule d'autres qui sont inconnus en Europe. Le poisson de mer et de rivière y est en si grande quantité qu'il

se vend presque pour rien, et il s'en
fait une exportation très considérable
pour la Chine et l'île de Java. Année
ordinaire, quinze sous de riz suffisent
pour la nourriture d'un homme pendant
un mois ; aussi n'y a-t-il point de pauvres ni mendiants, excepté quelques familles amenées en captivité, qui n'ont
pas encore de demeure fixe. Après le
riz, le sucre tient le premier rang ; il
y en a pour charger trente ou quarante
navires par an. Les autres productions
principales sont : le sapan ou bois de
Brésil, le poivre, le coton, le café, le
benjoin, la gomme de Camboge, la laque,
le cardamome, l'indigo, l'ivoire, les
peaux, le bois d'aigle, l'étain, le bois de
teck, l'huile ou beurre de coco, l'écaille
de tortue, le tabac, le sel, etc., etc.

5. COMMERCE

Il se fait à Siam un commerce très
considérable ; tous les ans, au mois de
février, on voit arriver de Chine une

centaine d'énormes jonques pavoisées qui, au son bruyant du tam-tam, viennent ancrer les unes à la file des autres au milieu même de la Capitale. Il y vient aussi une dixaine de navires arabes, et une multitude de grandes barques de Ligor et des différents états Malais. De leur côté, le roi et les grands de Siam envoient chaque année en Chine, à Batavia, et surtout à Singapore, une cinquantaine de jonques ou navires à l'européenne; mais il est rare de voir arriver à Siam quelque navire européen, à cause des droits d'ancrage qui jusqu'en 1851 étaient tout-à-fait exorbitants.

6. VILLE CAPITALE.

La ville capitale, qui s'appelle (comme l'ancienne Juthia) Krung Thep Mahà Nakhon, la grande ville des anges, vulgairement Bangkok (village des oliviers sauvages), renferme environ 400,000 âmes, en y comprenant les faubourgs. Elle offre un aspect très pittoresque; de tous côtés

on y voit s'élever dans les airs des flèches
dorées, des dômes, des pyramides d'une
structure admirable, garnies de dessins de
porcelaine de toutes couleurs, les toits
étagés des pagodes ornés de belles dorures,
et couverts en tuiles vernissées qui réflé-
chissent les rayons du soleil. Deux ran-
gées de plusieurs milliers de boutiques
flottantes sur des radeaux, se déroulent
devant vous en suivant les sinuosités d'un
fleuve majestueux, qui est sillonné en tous
sens par des milliers de barques, dont la
plupart sont très élégantes ; la forteresse
blanche comme neige, les murailles cré-
nelées de la ville avec ses tours et ses quarante belles portes, les canaux alignés qui
traversent la cité, la flèche dorée du palais
étagé à quadruple façade, la variété des
édifices à l'Indienne, à la Chinoise, à l'Européenne, les costumes singuliers des diverses nations, le son des instruments, les
chants de comédies, le mouvement et la
vie qui animent cette grande ville, tout
cela est pour les étrangers un spectacle qui
leur cause une agréable surprise.

7. GOUVERNEMENT.

Le monarque de ce pays est despote et honoré presque comme un Dieu. Quand il sort, son cortége est magnifique, et composé de plusieurs centaines de barques décorées ; quand il passe, tout le monde est obligé de se prosterner face contre terre, sinon les archers qui précèdent avec leur arc tendu vous crèveraient les yeux avec des balles de terre. C'est un crime de le nommer par son nom ; il faut l'appeler maître de la vie, le suprême seigneur qui est à la tête, ou bien se servir d'autres expressions de ce genre-là. C'est à lui qu'on paie tous les impôts ; tous les revenus du royaume affluent dans ses immenses trésors ; mais aussi c'est lui qui donne la paie à tous les mandarins et à tous les officiers publics, depuis le plus grand jusqu'au plus petit. Il a quatre grands ministres ; celui de la guerre, du commerce, de l'agriculture et de la justice. Les diverses charges de l'Etat sont distribuées à une centaine de mandarins qui ont chacun sous leurs ordres plus ou moins d'officiers subalternes. En outre, il y a environ quatre-vingts gouverneurs de provinces qui ont aussi le titre de phaja ou mandarins; ces gouverneurs ont deux assistants, ce qui forme un triumvirat.

La paie que les mandarins reçoivent du roi étant très modique et insuffisante, il s'ensuit qu'ils vexent leurs officiers; ceux-ci à leur tour vexent leurs subalternes pour leur extorquer de l'argent, et les pauvres clients, quand leurs revenus sont épuisés, finissent presque toujours par devenir esclaves de leurs chefs, ou ils s'enfuient et disparaissent.

8. CORVÉES.

Tous les hommes du peuple à partir de l'âge de 20 ans sont tenus aux corvées ou service du roi. Pour les uns, ce service consiste à travailler pour le roi l'espace d'environ trois mois par an; ils sont employés à toutes sortes d'ouvrages, à bâtir des pagodes ou autres édifices , faire des forteresses, creuser des canaux, construire des navires, etc., etc. Les autres sont tenus à payer un tribut équivalent en tuiles, en briques, en sapan, en cire, en bois d'aigle, en planches, en colonnes de bois ou autres choses de diverse nature. Ceux qui ne peuvent pas faire le service ou payer le tribut en matière, paient en argent la somme de 12 ticaux ou 36 francs. Quant aux Chinois qui ont émigré de Chine, on leur fait une grande faveur, puisqu'on n'exige d'eux que 5 ticaux ou 15 francs tous les trois ans. Il y a environ 10,000 soldats, qui de père en fils sont tenus aux exercices militaires trois mois dans l'année; mais, s'il survient une guerre, on lève indistinctement des troupes partout où le roi l'ordonne, et autant qu'il en demande.

9. ESCLAVAGE.

A Siam presque tous les esclaves peuvent se racheter, c'est-à-dire qu'en payant à leur maître la somme qu'ils lui doivent, ils peuvent se racheter et rentrer en liberté. S'ils ne se plaisent pas chez l'un, ils vont prendre de l'argent chez l'autre pour payer leur rançon, et changent ainsi de maître autant de fois qu'ils veulent. Une famille libre est-elle obligée d'emprunter, dans trois ans, l'usure qui est de trente pour cent égale le capital, et alors le créancier met la main sur cette famille qui devient sa propriété. Les lois donnent aux maîtres le droit de frapper du rotin et même de mettre aux fers leur esclave; mais s'ils le traitent d'une manière atroce, et que les parents portent plainte à la justice, l'esclave est renvoyé libre, et le maître perd son argent. Le croirait-on? dans cette contrée idolâtre, les grands oppriment tellement les faibles, que presque la moitié de la population est réduite en esclavage. Il faut avouer cependant qu'en général les maîtres traitent leurs gens mieux qu'on ne traite les domestiques en Europe; mais, ce qu'il y a de révoltant, c'est qu'un esclave qui aura servi son maître avec zèle dix ans et même vingt ans, s'il parvient à trouver de l'argent, doit pour obtenir sa liberté payer en entier la somme pour laquelle il s'était engagé, parce que ses longs services ne sont réputés que comme tenant lieu d'usure.

10. MOEURS DES SIAMOIS.

Les Siamois ou Thaï (qui signifie libres) sont assez bien faits, d'un teint un peu basané, se rasent tout autour de la tête, conservant au sommet une espèce de huppe qui leur sied assez bien; chez les enfants c'est un long toupet enroulé et fixé par une grosse aiguillé d'or ou d'argent. Quand ils sont arrivés à l'âge de 12 ou 13 ans, on les rase en grande cérémonie; c'est une fête de famille. L'habillement est très simple, c'est le même pour les hommes et les femmes, à savoir : une longue pièce d'indienne qui se noue par-devant, et dont on relève les pans par-derrière; plus une écharpe de soie passée en sautoir, dont les femmes se couvrent la poitrine, mais les hommes l'adaptent d'une autre manière.

Ce n'est guère qu'en novembre, décembre et janvier que tous, hommes et femmes, portent une sorte de veste qui colle au corps. Ils sont d'une grande propreté; se baignent deux ou trois fois le jour, et mâchent continuellement la noix d'arec avec des feuilles de bétel imprégnées de chaux rougie par le curcuma, pour entretenir les dents et corriger l'haleine.

Les riches ont des maisons en briques ou en planches et couvertes en tuiles; le commun du peuple se fait des maisons avec des bambous, et couvertes en feuilles de palmier. Personne n'habite au rez-de-chaussée, ce serait malsain; mais toutes les maisons sont élevées sur huit grosses colonnes, et il faut un escalier ou une échelle pour monter au premier et unique étage.

La nourriture ordinaire du peuple consiste en riz, poisson, légumes et fruits; les riches ont de plus la chair de porc, les œufs, la volaille, des tortues et du gibier. Les habitants des campagnes sont d'une grande sobriété; la plupart ne vivent que de poisson sec, de pousses tendres des arbres, et d'une espèce de cresson qu'ils trempent dans une sauce faite de poivre-long pilé et délayé dans du tamarin ou du jus de citron.

Les Siamois s'adonnent surtout à la culture des champs et des jardins; un bon nombre d'entr'eux se livrent au commerce; quelques-uns sont très habiles dans certains arts et métiers, par exemple la médecine, l'architecture, la fonte des métaux, les feux d'artifice, l'orfèvrerie, la menuiserie, la construction des barques, etc. Ils sont d'un caractère doux, très polis les uns envers les autres, obéissants et soumis à l'autorité. Les meurtres sont très rares dans le pays, et la peine de mort n'est infligée que pour crime de lèse-Majesté. La peine des grands crimes est d'être condamné pour toute sa vie à couper de l'herbe aux éléphants du roi; ce qui constitue les galères de ce pays-là. Ils regardent comme très méritoire de construire des ponts, de faire des chemins pour l'utilité publique; ils remplissent

d'eau de grandes jarres le long des chemins pour désaltérer les voyageurs. Le
long du fleuve, de distance en distance,
ils construisent à leurs propres dépens de
grandes salles d'asile, où l'on peut s'abri-
ter, cuire le riz, et se reposer tout à son
aise. Il y a peu de voleurs, peu d'ivrognes
parmi eux, et publiquement ils paraissent
très réservés sous le rapport des mœurs,
ce qui provient peut-être de ce que leurs
lois sont très sévères sur cet article; car
prendre le bras d'une femme, par exemple, suffirait pour intenter un procès à
celui qui aurait pris une telle liberté.
Mais si les Siamois ont de bonnes qua-
lités, ils doivent en avoir aussi de mau-
vaises; ils sont légers, inconstants, soup-
çonneux, querelleurs, aiment les jeux et
les comédies. Quand ils vont à la guerre,
ils s'adonnent au pillage, brûlent tout,
dévastent tout, et agissent en vrais bri-
gands. La polygamie est en usage parmi
tous les riches, qui, n'ayant cependant
qu'une femme légitime, entretiennent
plus ou moins de concubines, selon leur

plus ou moins de fortune. La demande en mariage se fait par trois fois ; quand on est tombé d'accord, le futur, accompagné de ses parents et amis, va en grande procession, au son des instruments de musique, faire ses cadeaux de noces à son beau-père, à sa belle-mère. Ces cadeaux consistent en langoutis, écharpes de soie, des cierges, des bâtons odoriférants, des vases de cuivre ou d'argent surmontés de gâteaux de différentes couleurs, à forme pyramidale, de l'arec, du bétel et de l'arak ou vin de riz ; les cadeaux pour la future sont des étoffes de soie, des bijoux, avec de l'arec et du bétel. La cérémonie du mariage consiste simplement à faire asperger les époux d'eau bénite par les bonzes, qui murmurent quelques prières ; après quoi commencent des festins et des comédies, qui durent au moins deux jours et deux nuits.

Les Siamois mettent une grande pompe dans leurs funérailles. Pendant qu'on prépare un bûcher à la pagode, la foule des parents et amis décorent le cercueil qu'ils placent sur une estrade surmontée d'un baldaquin orné de guirlandes de fleurs, de bouquets et figures en clinquant. On brûle des bâtons odoriférants, on allume quantité de cierges, et on processionne le mort au son d'une musique bruyante. Quand on est arrivé aux salles de la pagode, il y a sermon, comédie, feux d'artifice, et enfin le cadavre est brûlé, consumé. Les ossements qui restent sont recueillis par les parents qui les gardent dans une urne, ou bien, après les avoir broyés avec de l'argile, en font des statuettes en souvenir du défunt. Mais les funérailles des grands sont bien autre chose ! On commence par dessécher le cadavre en injectant force mercure ; on le met dans une urne d'or où il reste six mois et même un an, pendant qu'on fait les préparatifs du bûcher qui s'élève quelquefois à 300 pieds. Les funérailles durent huit jours, pendant lesquels il y a sermon, prières, comédies, jeux divers, feux d'artifice, et aumônes d'or et d'argent jetées à la multitude. Pour quelle raison brûlent-ils ainsi leurs morts ? C'est , disent-ils , afin que l'âme , débarrassée de toute matière, aille renaître de suite dans une autre corps , car ils croient à la métempsycose.

11. LANGAGE.

Les diverses nations qui sont à Siam parlent chacune leur langage ; néanmoins, la langue Thaï est comprise et parlée dans presque toute l'étendue du royaume, et, ce qui est assez curieux, sans variantes et sans dialectes. Son alphabet a quelques rapports avec l'alphabet Indien ; comme le Chinois et l'Anam elle a cinq tons pour la plupart de ses mots, et chaque ton donne au mot une signification différente : par exemple *na* signifie champ, *nã*, le fruit que l'on nomme attes, *nà*, visage, *na*, le frère ou la sœur du père, *ná*, épais. De plus, le Thaï comprend pour ainsi dire trois langues : la langue vulgaire qu'on parle communément, la langue relevée, qui est le style du palais ou des livres et de la poésie, et la langue sacrée, presque toute composée de bali ou sanscrit légèment alté-ré. D'où nous pouvons conclure que le Thaï est très difficile à apprendre et à parler correctement ; aussi, faut-il environ dix ans à un Européen pour en acquérir la connaissance, vu que jusqu'à présent on a été dépourvu de grammaire et de dictionnaire.

12. RELIGION.

Excepté les Malais, qui sont Mahométans, tous les habitants de Siam sont Bouddhistes ; seulement les Chinois ajoutent au culte de l'idole *Fo* ou *Bouddha*, le culte de plusieurs autres idoles et génies qu'on honore dans leur pays. Le Bouddhisme est la secte la plus nombreuse de toutes les fausses religions : il règne à Ceylan, chez les Barmas, à Siam, en Cochinchine, en Chine et au Japon ; il compte, dit-on, à-peu-près cent quatre-vingts millions de sectateurs. Qu'est-ce donc que le Bouddhisme ? Voici son origine : environ 500 ans avant Notre Seigneur, régnait dans une ville de l'Inde appelée *Kabillaphat* un roi appelé *Khôdom*, qui, dégoûté du monde, abandonna sa ville et son palais, se retira dans les forêts, passa six ans dans la contemplation au pied d'un arbre prodigieux. Le bruit de sa sainteté lui attira cinq cents disciples, avec lesquels *Somanakhôdom* se mit à parcourir les villes de l'Inde, vivant des aumônes qu'on lui offrait, prêchant la transmigration des âmes d'un corps dans un autre. Il paraît qu'il ne manquait pas d'ennemis puisqu'il périt misérablement d'un flux de sang pour avoir mangé de la chair de porc empoisonnée. Avant de mourir, il recommanda à ses disciples de faire sa statue, et, comme c'était un homme de 24 pieds de haut, il n'est pas étonnant que la plupart de ses statues soient colossales. Voilà ce que c'est que *Bouddha*, l'auteur du Bouddhisme ; Bouddha signifie celui qui sait tout, exempt de concupiscence, pur et saint.

15. IDÉE DU BOUDDHISME.

Dans ses prédications, Bouddha dit que c'est une curiosité coupable que de vouloir remonter à l'origine des choses; il admet des mondes innombrables qui flottent sur une mer immense comme des vases flotteraient sur l'eau; c'est par l'effet du mérite universel des êtres que les mondes se construisent, et c'est par le démérite qu'ils sont détruits, tantôt au moyen de l'air, tantôt au moyen de l'eau, et plus souvent par le moyen du feu. Il y a déjà eu avant lui des Bouddhas sans nombre qui ont ramené les hommes à suivre les principes de la loi naturelle : chaque homme meurt et renaît des millions de fois, passant par le ciel, par les enfers, par les corps de toute espèce d'animaux, par les diverses conditions de l'humanité, jusqu'à ce qu'enfin on arrive au neuvième degré de sainteté, qui est le *niphan*, c'est-à-dire l'extinction, l'anéantissement. Pour son compte, Bouddha nous a raconté 550 de ses générations, dont il avait conservé la mémoire ; il nous a prédit que son règne durerait cinq mille ans, après lesquels s'élèvera un nouveau Bouddha nommé *Metrai*, qui fera fleurir la paix et la justice sur la terre ; il n'y aura plus de polygamie, plus de guerre ; autour des villes croîtront des arbres merveilleux qui fourniront à chacun tout ce qu'il désire, etc., etc. Les cinq commandements de Bouddha sont : 1° Ne tuez pas les animaux ; 2° Ne volez pas ; 3° Ne commettez pas l'adultère ; 4° Ne mentez pas ; 5° Ne buvez pas de liqueur enivrante. Les livres sacrés des Bouddhistes se divisent en trois parties : 1° Règles des Bonzes ou Talapoïns ; 2° Histoire des transmigrations de Bouddha ; 3° Prédications et philosophie ; ce qui ne fait pas moins de trois mille six cent quatre-vingt-trois volumes !! — Trois choses (qu'ils appellent les trois diamants de l'univers) sont proposées à l'adoration des fidèles, savoir : *Thamang*, la Nature ; *Phutthang*, Bouddha ; *Sangkhang*, les bonzes ou talapoins. En résumé, le Bouddhisme est une religion d'athées, qui se proposent pour fin dernière et souverain bonheur, quoi?..... l'anéantissement!

14. TALAPOINS.

Les disciples de Bouddha, que les Siamois appellent *phra*, reçoivent à leur ordination un joli costume jaune avec une marmite en fer qu'ils portent sur le côté dans une espèce de besace, et dans laquelle ils mettent les offrandes des fidèles. Ils se rasent deux fois par mois, vivent en commun dans des monastères, et sont tenus d'observer une règle très sévère qui contient 227 articles. Voici quelques-uns de ces articles : Un phra: doit garder l'abstinence de toute nourriture depuis midi jusqu'au lendemain matin; un phra: ne doit pas sortir sans avoir un éventail tenu de manière à ce que sa vue ne se porte pas à plus de deux mètres devant lui; un phra: ne peut pas toucher, même du bout du doigt, une femme quelconque, serait-ce une petite fille d'un ou deux mois; un phra:

ne peut pas monter dans une maison, à moins qu'on ne l'invite à monter ; un phra: ne peut rien prendre, pas même boire de l'eau, à moins que quelqu'un le lui offre des deux mains. L'office du phra: est d'aller mendier tous les matins, enseigner à lire et écrire aux enfants, prêcher, prier à l'agonie des fidèles, asperger d'eau lustrale, prier et méditer le soir dans les pagodes. Mais, sur cent phra: il n'y en a peut-être pas un qui se conforme à sa règle ; d'ailleurs la plupart entrent dans les monastères pour fuir le service du roi, pour chercher l'occasion de faire un bon mariage, pour mener une vie fainéante et vagabonde, ou pour s'amasser un petit avoir, après quoi ils défroquent et retournent au monde. Il est dit dans leurs livres qu'un jeune homme qui se fait phra: peut tirer son père et sa mère des enfers ; voilà pourquoi les jeunes gens, même les princes, se font ordonner bonzes pour quelques jours ou quelques mois ; de là vient qu'il y a plus de dix mille phra: dans la capitale seulement. Imaginez-vous donc ces processions de talapoins jaunes, qui, tous les matins, passent devant chaque maison, tendent leur marmite aux femmes prosternées qui les saluent, y mettent une poche de riz cuit, du porc, du poisson, des épices, des légumes, des gâteaux et des fruits tout pêle-mêle; bientôt les marmites sont pleines, et les phra: retournent à la pagode faire un copieux repas. De plus, tous les jours les femmes envoient aux pagodes leur offrande, qui consiste en cigares, arec et bétel, cierges, guirlandes de fleurs, thé, sucre candi, bois à se frotter les dents, nattes, coussins, etc., etc.; en un mot, ces pauvres femmes en sont aux plus petits soins envers ces fainéants de talapoins.

15. PAGODES.

Le roi défunt montrait un zèle incroyable à bâtir des pagodes ou monastères de talapoins; pour lui faire la cour, ses mandarins rivalisaient de zèle avec lui; chacun voulait bâtir sa pagode. Dans la capitale et aux environs, il y a une trentaine de pagodes royales, et environ cent autres bâties par des princes ou des mandarins. Il y en a qui ont coûté jusqu'à quatre-vingts et même cent quintaux pesant d'argent (plus de deux millions de francs). Pour se faire une idée d'une de ces pagodes, il faut s'imaginer un terrain assez vaste sur lequel s'élèvent une vingtaine de belvédères à la chinoise, plusieurs grandes salles en rangée sur les bords du fleuve, une salle de prédication, deux beaux temples, dont l'un pour l'idole de Bouddha, l'autre pour les prières des bonzes; deux cents jolies petites maisons, partie en briques, partie en planches, qui sont la demeure des talapoins; des étangs, des jardins, une douzaine de belles pyramides dorées ou revêtues de porcelaine, un clocher, des mâts de pavillon, des lions et statues de granit apportées de Chine, et, aux deux extrémités du terrain, des canaux et de vastes hangars pour les barques des talapoins. Ajoutez à cela que, dans les temples, tout est resplendissant de peintures et dorures; l'idole colossale y apparaît comme une masse d'or ornée de mille pierreries; après cela on concevra peut-être ce que peut coûter une pagode.

16. LIBERTÉ DES CULTES.

De temps immémorial, le gouvernement *thaï* a eu le bon esprit de laisser chaque nation exercer librement son culte. Les Malais ont leurs mosquées, et pendant leur carême poussent leurs vociférations nocturnes à leur aise, les Chinois font leurs bruyantes processions comme en Chine, les chrétiens ont leurs églises, leurs cloches et tambours; les processions, surtout celle de la Fête-Dieu s'y font avec grand appareil; la foule des païens, que la curiosité attire, s'y tient dans le silence et une posture respectueuse; si quelqu'un d'entr'eux vient troubler la cérémonie, on le chasse sans façon à coups de rotin, et il se gardera bien d'aller porter plainte à son chef payen, qui lui en donnerait dix fois autant. Telle est la liberté dont on jouit dans ce royaume sous le rapport du culte religieux.

17. ORIGINE DE LA MISSION.

Il y trois siècles que le Christianisme a été introduit à Siam par les Portugais. Du temps de saint François-Xavier un navire de guerre de cette nation ayant donné la chasse aux pirates qui infestaient le golfe de Pram, vint à Juthia où il reçut un accueil très favorable : le roi prit à son service quelques centaines de soldats portugais, leur donna deux vastes terrains où ils s'établirent en deux camps; ils épousèrent des femmes du pays; des Jésuites et des Dominicains de la même nation vinrent pour leur donner les secours spirituels, et, aidés des libéralités du roi, ces premiers chrétiens bâtirent deux jolies églises, Saint-Paul et Saint-Dominique. Plus tard, en 1662, Mgr de Bérythe, un des Fondateurs de la Congrégation des Missions Etrangères, arriva à Juthia avec des Prêtres français, y fonda un séminaire général à côté d'un camp Annamite. Dès-lors la Mission s'accrut assez rapidement : on bâtit plusieurs nouvelles églises pour les néophytes, non-seulement dans la Capitale, mais aussi dans les Provinces. A l'époque de la fameuse ambassade de Louis· XIV, protégée par M. Constantin Falcon, qui était parvenu à la première dignité du royaume, la Mission était très florissante; mais la chute malheureuse de ce grand ministre occasionna de cruelles persécutions, qui affaiblirent tellement la Mission qu'elle se soutenait à peine, lorsqu'enfin en 1767, les Barmas ayant envahi Siam, pris et ruiné Juthia, toutes les églises furent incendiées, une partie des Chrétiens périt par le glaive, une autre partie fut emmenée en captivité ; un petit nombre parvint à s'échapper, et la Mission fut anéantie. Quand le Royaume fut rétabli, Bangkok étant devenu la résidence du nouveau roi, environ 1,500 Chrétiens annamites, cambogiens et siamois rentrèrent dans le pays; un

Evêque et quelques Prêtres français vinrent soigner cette pauvre Mission qui renaissait de ses ruines.

18. ÉTAT ACTUEL DE LA MISSION.

Population Chrétienne.

		Ames.
A Saint-François-Xavier (Bangkok)	2,000
A la Conception. . . . (Bangkok)	900
A Sainte-Croix . . . . (Bangkok)	700
Au Calvaire. . . . . . (Bangkok)	350
Au Collége . . . . . . (Bangkok)	100
Dans les provinces de Juthia et Salaburi	200
Dans les provinces de *Pëtriu* et *Bang pla soi*.	300
Dans les provinces de *Nakhonxasisi* et *Bang Xang*.	300
Dans la province de *Chanthabun*.	1,100
Dans la province de *Jonselang*. .	500
Chrétiens dispersés ou esclaves chez les payens	600
TOTAL.	7,050

OBSERVATION. — Le nouveau roi qui est monté sur le trône depuis deux ans seulement, a remis entre les mains du mandarin chrétien Pascal, général de l'artillerie, environ trois mille Annamites prisonniers de guerre, en lui recommandant de les faire chrétiens, et de les incorporer avec nos Annamites; déjà plusieurs d'entr'eux ont été admis à la grâce du baptême.

19. PERSONNEL DE LA MISSION.

Le Vicaire apostolique, Mgr PALLEGOIX, évêque de Mallos.

M. CLÉMENCEAU, provicaire apostolique.

M. CLAUDET, missionnaire apostolique.

M. DUPONT, missionnaire apostolique.

M. RANFAING, missionnaire apostolique.

M. DANIEL, missionnaire apostolique.

M. LARENAUDIE, missionnaire apostolique.

M. GIBARTA, missionnaire apostolique.

M. MARIN, missionnaire apostolique.

Le père Albert COREA, prêtre indigène.

Le père Paul HOI, prêtre indigène.

Le père Michel XAY, prêtre indigène.

Le père Etienne TINH, prêtre indigène.
Un Collége-Séminaire de 30 élèves.
4 Couvents occupés par 25 Religieuses.
5 Maîtres d'école pour les garçons.
15 Catéchistes, la plupart Chinois.

20. ÉGLISES ET CHAPELLES.

Les Chrétiens sont animés d'un grand zèle pour les églises; aussi dans un court espace de temps avons-nous pu réparer ou bâtir sept églises et quatre chapelles, à savoir :

L'église de l'Assomption, attenant au Collége-Séminaire, bâtie en briques il y a près de quarante ans, dont les réparations nous ont coûté dernièrement 2,000 francs.

L'église du Calvaire, bâtie pour les néophytes chinois, au moyen d'une souscription parmi les crhétiens, et même parmi les payens; elle a remplacé une vieille salle vermoulue, dont le plancher s'écroula un jour qu'on baptisait une ving-taine de Chinois : parrains et catéchumè-nes, tous tombèrent pêle-mêle, et ne se se relevèrent qu'avec maintes contusions.

A Sainte-Croix une église élégante et vaste, qui a coûté 20,000 francs à ces pauvres chrétiens, s'élève aujourd'hui à la place d'un hangar bas et marécageux, où l'autel était devenu un repaire de serpents.

Mais nulle part on n'a montré tant de zèle que les Cambogiens de la Conception : pendant deux ans, hommes et femmes, petits et grands, se sont employés avec ardeur à se bâtir une belle église de cent vingt pieds de long.

Au milieu des ruines de la grande église de Saint-Joseph, à Juthia, et sur les tombeaux de huit Evêques, le vicaire apostolique, profitant des débris de l'ancien Séminaire, est parvenu à achever petit à petit, dans l'espace de dix ans, une jolie petite église, auprès de laquelle sont déjà venues se grouper une vingtaine de familles vagabondes.

Nos deux mille Annamites de Bangkok se sont aussi fait une église, mais très basse, et dont la toiture est en feuilles, ce qui oblige à la recouvrir tous les quatre ou cinq ans; mais ils se disposent à en bâtir une plus décente dans l'emplacement même d'une pagode royale, dont voici l'histoire :

En 1834 le Roi assigna aux alentours de cette pagode un vaste terrain à nos Annamites. Peu à peu nos chrétiens se mirent à commettre furtivement des dégâts dans le terrain de la pagode, à se railler des talapoins, et leur jouer toutes sortes de farces, au point que les phra: n'ont pas pu y tenir; ils quittèrent la pagode les uns après les autres, et la pagode, se trouvant abandonnée, est devenue tout entière la proie de nos chrétiens. Chaque nuit ils démolissaient les salles, les cellules des bonzes, le clocher, les murailles et les pyramides. Cependant quelques pieux Siamois, témoins d'une telle dévastation, allèrent porter plainte au chef suprême des talapoins; celui-ci demanda justice au Roi. Savez-vous ce que le Roi répondit? « Ah bah ! Comment voulez-vous que les « dieux siamois demeurent en paix encla- « vés comme ils sont au milieu des *fa-*

« *rangs* (chrétiens)? Croyez-moi, il vaut
« mieux faire transporter les idoles de
« cette pagode, et l'abandonner. »

Le lendemain, comme je passais accompagné des chefs du camp annamite, je vis
des talapoins, montés sur l'avant-toit de
la pagode, qui faisaient descendre des idoles
attachées et pendues par le cou ; d'autres en
bas tendaient les mains pour attraper ces
malheureux petits dieux ; puis ils les mettaient dans de gros paniers pour les porter
ailleurs. Que faites-vous donc, mes amis?
leur demandai-je. L'un d'eux me répondit :
« Qu'est-ce que nous faisons ?... Croyez-
« vous que nous allons laisser nos dieux
« à vos chrétiens, pour qu'ils les fondent,
« et en fassent des balles de fusils ? » Il
parla ainsi, faisant allusion à ce que la plupart de nos chrétiens sont chasseurs et
aussi soldats. Cette affaire fit bien rire
nos Annamites, et moi je bénissais le
Seigneur de voir, au sein d'une grande cité
payenne, les idoles d'une pagode royale,
la corde au cou, forcées d'aller honteusement chercher refuge ailleurs. Quand le

temple fut vide, on conçoit que les chrétiens ne tardèrent pas à le démolir, et aujourd'hui il n'y a pas pierre sur pierre de tous ces beaux édifices, qui naguère resplendissaient de dorures et d'incrustations en verres colorés.

Encore un mot sur l'église de Chanthabun : elle est faite de vieilles planches et couverte en feuilles. Dernièrement les chrétiens, profitant de l'inondation, étaient allés démolir une vieille pagode isolée dans les bois ; chacun avait chargé sa barque de pierres toutes équarries ; on se réjouissait dans la pensée d'employer ces pierres à rebâtir l'église ; mais il paraît que le gouverneur l'ayant appris, a forcé les chrétiens à reporter les pierres là où ils les avaient prises ; c'est bien dommage !

Je ne parlerai pas en particulier des quatre chapelles que nous avons dans les provinces ; seulement, pour en donner une idée, je vais faire une courte description d'une d'entr'elles. Imaginez-vous une espèce de grande cage faite avec des bambous découpés et entrelacés, posée sur un terrain exhaussé et aplani, couverte de feuilles de palmier, et sans plafond. Quand les chrétiens s'y rassemblent pour la prière du matin et du soir, ou pour y entendre la sainte messe (lorsque le missionnaire s'y trouve), chacun apporte sa natte, qu'il étend sur la terre nue. Au fond on voit s'élever un autel formé de deux planches posées sur des tréteaux : un Christ, deux chandeliers de bois, deux bouquets de fleurs dans des bouteilles ordinaires, une image de la très Sainte-Vierge fixée à la paroi par deux morceaux de bambous, un devant d'autel en papier barbouillé de diverses couleurs, une pièce d'indienne suspendue par des ficelles au-dessus de l'autel ; voilà toute la décoration ordinaire d'une chapelle de mission.

21. COLLÉGE-SÉMINAIRE.

Les Souverains-Pontifes ont toujours recommandé fortement aux vicaires apostoliques d'établir des colléges et des séminaires pour y former des maîtres d'école, des catéchistes et des prêtres indigènes. Aussi, malgré sa pauvreté, la Mission de Siam a toujours eu son collége-séminaire plus ou moins nombreux, selon ses moyens ; mais depuis le rétablissement de la Mission il n'a jamais été si florissant qu'il l'est maintenant, dirigé comme il est par deux missionnaires français, tout dévoués à l'œuvre du clergé indigène. Nous y avons une trentaine d'élèves, dont plusieurs étudient déjà la théologie. Le bâtiment du séminaire actuel a été commencé il y a cinq ans ; il a déjà coûté plus de cinq mille francs, et il est encore loin d'être achevé ; on a recours à de vieilles nattes et de vieilles étoffes déchirées pour faire dans l'intérieur les séparations les plus indispensables ; aussi, un jour que le roi actuel (qui n'était alors que prince) vint nous rendre une visite, quand il fut entré, il promena ses regards tout autour de lui, et s'écria : « *Collegio ni rùng rang* » *nak*, ce collége est bien guenilleux. »

22. RELIGIEUSES.

Nos religieuses, qui s'appellent servantes de la Mère de Dieu, sont indigènes, font des vœux qu'elles renouvellent tous les trois ans, et vivent en communauté, soumises à une règle appropriée au climat et au pays où elles sont. Leur costume ressemble assez à celui des femmes annamites, excepté qu'elles portent les cheveux courts ; un pantalon noir, une longue veste noire, qui descend à mi-jambe, un fichu couleur de cendre, des sandales aux pieds, voilà tout leur habillement. Tout le temps que la règle leur laisse libre, elles l'emploient à tresser des nattes, faire de la toile ou des étoffes de soie qu'elles vendent, et le prix qu'on en retire est employé à l'entretien de la communauté. Nos 25 religieuses sont réparties en quatre couvents, si toutefois on peut appeler couvents des maisons moitié en bambous, moitié en planches, qui ne diffèrent guère des habitations

communes. Très souvent il arrive que
le travail de ces pauvres filles ne suffit pas
pour leur entretien, et alors, la Mission
est obligée de subvenir à leurs besoins,
ce qui est d'autant plus juste, qu'elles
sont chargées de l'éducation des filles,
éducation toute gratuite et pour l'amour
de Dieu. Elles rendent vraiment de grands
services à la Mission, car, outre le soin
des écoles, elles instruisent les catéchumènes de leur sexe, et les disposent au
baptême ; elles s'emploient aussi continuellement, et avec un dévouement dé-
sintéressé et admirable, au service des
missionnaires et des églises. Quelques
unes d'entr'elles sont très habiles, non
seulement dans la confection des onguents,
pilules et autres remèdes, mais aussi
dans l'application opportune de ces mé-
dicaments. Chez elles est donc établie
la pharmacie de la Mission pour le sou-
lagement des pauvres et malades, et pour
fournir aux baptiseurs et baptiseuses les
moyens de s'introduire chez les payens,
afin de baptiser les enfants moribonds.

23. ÉCOLES.

Nos écoles sont de petites salles mon-
tées sur des colonnes, et ouvertes à tous
les vents; matin et soir on y convoque les
enfants au son du tambour, on leur ap-
prend à lire, à écrire, à chanter, les premiers éléments d'arithmétique, et surtout
le catéchisme. C'est un plaisir d'entendre
ces troupes d'enfants chanter leurs prières
avec ensemble et enthousiasme! Quelle
différence de nos écoles avec celles des talapoins! Sur cent enfants payens, qui ont
passé une douzaine d'années à la pagode,
il n'y en a pas dix qui sachent lire et
écrire, la plupart en sont encore au ba, be,
bi, bo, bu. Tous les enfants chrétiens des
deux sexes, depuis l'âge le plus tendre,
sont astreints aux écoles jusqu'à ce qu'ils
aient reçu la confirmation, et fait leur première communion. Malheureusement nous
n'avons pu jusqu'à présent établir d'é-
coles que dans la capitale et à Chanthabun;
faute de ressources, les autres provinces
en sont encore privées.

24. CATÉCHISTES.

Quinze catéchistes, qui reçoivent chacun 15 francs par mois de viatique, occa-
sionnent à la Mission une dépense an-
nuelle d'environ 3,000 francs ; mais quand
on examine les grands services qu'ils rendent à la religion, on sent que les catéchistes nous sont tout-à-fait indispensables. En effet, au milieu d'un peuple soup-
çonneux, comment le missionnaire pourra-
t-il s'introduire et être reçu dans les
familles payennes, et y prêcher la vraie
religion ? — Or, c'est ce que font aisément
pour lui les catéchistes, et dès qu'ils ont
trouvé quelque payen bien disposé, ils
l'amènent au missionnaire, qui l'exhorte,
l'encourage et l'admet au nombre des catéchumènes. Quand on a trouvé un certain
nombre de catéchumènes, qui leur appren-
dra le catéchisme et les prières ? C'est encore le catéchiste. A peine a-t-on formé
quelque part une chrétienté, qu'il faut un
catéchiste pour présider aux prières, aux

cérémonies religieuses ; pour remplacer le prêtre absent à l'article de la mort, aux funérailles ; pour surveiller, pour diriger les néophytes, les entretenir dans la piété, dans la paix, et achever peu-à-peu leur éducation religieuse, qui n'était pour ainsi dire qu'ébauchée.

25. GENRE DE VIE DES MISSIONNAIRES.

Dans la capitale les missionnaires portent toujours la soutane, sont logés dans de vieilles maisons en planches, et vivent comme les gens du pays, sans pain ni vin ; cependant, outre le vin pour la messe, chacun met en réserve quelques bouteilles de vin pour les grandes fêtes, et pour célébrer les rares visites des confrères ; du reste on ne boit que de l'eau froide et du thé sans sucre. Deux sortes de cuisine sont en usage à Bangkok : la chinoise qui est douce et fade, et la siamoise qui est forte et très épicée, car le poivre-long y domine. On peut vivre là très bien et à bon marché, puisque tout y abonde ; mais en voyage et dans les provinces c'est tout autre chose. Quand on se met en route, on doit faire provision d'œufs salés, de poisson sec, de poivre-long, et surtout de *kapi* (saumure composée de myriades de petites crevettes broyées, laquelle exhale une odeur infecte). il arrive quelquefois que les provisions étant épuisées on est obligé de manger tout ce qui tombe sous la main, des limaçons, des grenouilles, des cancres, du lizeron aquatique, du cresson, du tamarin, des feuilles tendres, des fruits sauvages, des pousses de bambous, de la chair de buffle, de chat, de chien, de requin, de crocodile, des anguilles jaunes, qui sont un vrai serpent, des chauves-souris, de la chair de boa, du singe, des vers à soie, des corbeaux, de la peau de rhinocéros, etc., etc. Mais si vous avez un fusil, vous ne manquez de rien : dans une demi-heure, pendant que vous êtes à dire l'office, vos gens vont à la chasse dans les champs ou dans les bois, et reviennent chargés de gros oiseaux, tels que paon, cicogne, pélican, oie sauvage, canard sau-

vage, etc., etc., car le gibier et surtout
les oiseaux aquatiques abondent dans cette
contrée. La manière ordinaire de voyager
est d'aller en barque sur le fleuve ou dans
les canaux ; quand on est obligé d'aller par
terre, comme il n'y a ni chevaux, ni voi-
ture, on va à pied, ou sur un éléphant, ou
sur un charriot traîné par des buffles.
Dans ces voyages, on a à souffrir bien des
privations et incommodités : par exemple
il arrive qu'on est dévoré la nuit par des
nuées de moustiques qui vous sucent le
sang, et ne vous laissent pas fermer l'œil ;
ou bien pendant la nuit des légions de
fourmis, qu'on appelle fourmis de feu (niot
fai), font irruption dans vos habits, et par
leurs morsures cuisantes vous font déloger
bien vite. On est exposé à des dangers
divers ; sur l'eau, il faut se prémunir contre les crocodiles ; sur terre, on craint le
tigre ; les serpents viennent quelquefois
se fourrer sous la natte sur laquelle vous
dormez ; en mettant la main dans vos
poches un scorpion vous darde sa queue
envenimée ; d'autres fois la barque cha-

vire, et malheur à vous si vous ne savez pas nager ! Mais le Seigneur sait bien dédommager de toutes les peines qu'on endure pour lui. Arrivé dans la chrétienté, le missionnaire est reçu comme un ange du Ciel : tout le village se met en mouvement, vient à sa rencontre ; on se prosterne, on lui baise les pieds, les mains, on pleure de joie, on le conduit en triomphe au vestibule de la modeste chapelle ; tout le monde vient lui demander sa bénédiction ; l'un lui apporte de la chair de porc, l'autre du poisson ; celui-ci des poules, celui-là des canards ; bientôt les légumes, les fruits, les gâteaux s'amoncèlent ; on dirait qu'il va s'ouvrir un marché. Le missionnaire, comme un père au milieu de ses enfants, est touché de ces démonstrations de joie et d'amitié ; il ouvre sa petite caisse de voyage, en tire des chapelets, images et médailles qu'il distribue, puis annonce les exercices de la Mission. Pendant quinze jours ou trois semaines un tam-tam chinois convoque les Chrétiens matin et soir ; messe, prières, instructions,

confessions tous les jours; enfin communion générale; on tue un énorme porc,
on fait un grand festin, où une petite dose
d'arak ou eau-de-vie de riz égaie les néophytes, et sur le soir on remplit de provisions la barque du missionnaire, qui après
les avoir bénis prend congé de ses chers
enfants, tous accroupis sur le rivage. Les
rames fendent les eaux pour aller porter
ailleurs les consolations spirituelles; là
nacelle chérie s'éloigne, et les néophytes,
la tristesse peinte sur le visage, la suivent
des yeux jusqu'à ce qu'elle disparaisse à
leurs regards. A Siam, les missionnaires
ne sont pas souvent exposés aux persécutions; cependant plusieurs fois les Evêques
et les Prêtres y ont été mis en prison, ont
été chargés de chaînes; plusieurs Prêtres et
fidèles sont morts dans les cachots, d'autres
ont été exilés impitoyablement, et il n'y a
pas encore cinq ans que le roi de Siam,
dans un accès de colère, donna ordre de
détruire toutes les églises, et de chasser
tous les missionnaires. Heureusement que
ses ordres tyranniques ne furent exécutés

qu'en partie, et grâce au nouveau roi les Prêtres exilés sont rentrés à leur poste.

26. PARTICULARITÉS

TOUCHANT LE ROI ACTUEL.

Le prince *Chao fa* n'avait guère que 20 ans quand le roi son père mourut ; en sa qualité de fils aîné de la reine, le trône lui appartenait ; mais un de ses frères, fils d'une concubine, et plus âgé que lui, s'empara du pouvoir en disant au prince : « Tu es encore trop jeune, » laisse-moi régner quelques années, et » plus tard je te remettrai la couronne. » Une fois assis sur le trône, il paraît que l'usurpateur, s'y trouvant bien, ne songea plus à remplir sa promesse. Cependant, le prince Chao fa, craignant que s'il acceptait quelque charge dans le gouvernement, tôt ou tard et sous quelque spécieux prétexte, son frère ne vînt attenter à sa vie, se réfugia prudemment dans une pagode, se fit talapoin, et

s'adonna patiemment à l'étude du sanscrit, du bali, de l'histoire, de la géogra-
phie, de la physique et de la chimie, de
l'astronomie, et enfin de la langue an-
glaise. Il étudia aussi la religion chrétienne,
et lut attentivement tous les livres sortis
de l'imprimerie du collége de l'Assomption. Au commencement de 1851, le roi
étant tombé très malade, rassembla son
conseil, et proposa un de ses fils pour
successeur. On lui répondit : « Sire,
» le royaume a déjà son maître. » At-
téré par cette réponse, le monarque
rentra dans son palais, et ne voulut plus
reparaître en public; le chagrin et la
maladie le minèrent bien vite, et il ex-
pira le 3 avril 1851. Ce jour-là même,
malgré les complots des fils du roi
défunt, que le premier ministre sut ha-
bilement comprimer, le prince Chao fa
quitta ses habits jaunes, et fut intrônisé
sous le nom de *Somdet Phra paramander
maha mongkut, etc.* Sa Majesté le roi
qui porte la grande couronne. (Je m'abs-
tiens de citer ses autres titres qui rem-

pliraient une page entière.) Je lui écrivis pour le féliciter de son heureux avènement au trône, lui envoyant pour cadeau une caisse de bougies et un joli portrait renfermé dans une boule de verre ; ce portrait lui fit grand plaisir, car c'était celui de Sa Majesté l'Empereur Louis-Napoléon. Il s'empressa de me répondre, en m'envoyant, dans une petite bourse scellée, de la nouvelle monnaie d'or et d'argent frappée à son sceau, et une petite boîte contenant aussi des fleurs d'or et d'argent. Sur ma demande, Sa Majesté fit expédier des ordres à Synga-pore pour faire revenir les missionnaires bannis depuis deux ans, lesquels, au nombre de cinq, furent ramenés par un navire de la marine royale, et arrivèrent à Bangkok le 29 juillet 1851. Au mois de février 1852, ayant pris la résolution de faire un voyage en France pour les intérêts de ma Mission, j'écrivis au roi pour lui faire part de mon projet ; Sa Majesté me répondit qu'elle désirait me voir avant mon départ, et me fixa le jour d'audience. Le 28 février, à l'heure fixée, le prince *Amaruk* (immortel), envoya sa plus belle barque, montée par cinquante rameurs en grand costume, dans laquelle je descendis avec quatre de mes missionnaires, au son des cloches et des tambours. Les chefs des chrétiens, montant des barques pavoisées, nous faisaient cortége, et en un instant nous fûmes rendus aux portes du palais. Après avoir passé plusieurs enceintes et plusieurs cours, nous fûmes introduits dans la grande salle d'audience, dans laquelle environ cinquante mandarins étaient prosternés face contre terre. Le roi, vêtu d'un habit de soie blanche (signe de deuil), et tenant à la main une jolie canne-épée, s'avança pour nous recevoir, nous donna la main, et nous mena à une table entourée de chaises élégantes, nous fit asseoir, et s'assit lui-même dans un fauteuil. On entama la conversation partie en Siamois, partie en Anglais. Sa Majesté, qui avait un petit bureau devant elle, écrivit elle-même les commissions dont elle voulait me char-

ger, puis nous fit servir du thé et du café ;
des pages, rampant sur leurs genoux, of-
frirent des cigares, et on se mit à fumer.
Le roi me demanda si j'irais voir le Prési-
dent de la République : sur ma réponse
affirmative il me chargea de lui présenter
ses amitiés. « Irez-vous voir aussi le Pape ?
» — Oni, Sire, je compte aller voir le
» Pape. — Ne pourrais-je pas lui écrire
» une lettre ? — Sire, Sa Sainteté en serait
» très flattée. — Eh bien ! je lui écrirai. »
Sa Majesté adressa la parole à chacun des
missionnaires, parla longtemps de la religion, et dit entr'autres choses : « C'est un
» mauvais système de persécuter la reli-
» gion ; je suis d'avis de laisser chacun
» libre de pratiquer celle qu'il voudra. »
Puis il ajouta : « Quand vous aurez fait
« un certain nombre de prosélytes quel-
» que part, faites-le-moi savoir, et je leur
» donnerai des chefs chrétiens de manière
» à ce que les gouverneurs payens ne
» puissent pas les vexer. » Enfin, il me
fit cadeau d'un sac de piastres, pour m'ai-
der, dit-il, à payer les frais de mon voyage,

et nous prîmes congé de lui en lui serrant la main. Quelques jours après, je lui écrivis pour le prier de laisser partir avec moi un vieux prêtre annamite, qui avait été fait captif au Camboge. Il m'accorda cette faveur, et m'envoya en même temps sa lettre au Pape, dont l'adresse en anglais était conçue en ces termes : A sa très vénérée Sainteté le pape Pie IX. En novembre dernier, j'eus l'honneur de remettre au Saint-Père cette missive royale. Sa Sainteté fut agréablement surprise et satisfaite, et se la fit lire de suite. Le roi disait, qu'ayant appris par les journaux l'heureuse rentrée de Sa Sainteté dans la ville de Rome, il profitait du voyage de l'évêque de Mallos, son ami, pour lui offrir ses félicitations, et commencer des relations amicales, qu'il désirait continuer par la suite ; qu'il avait la plus grande estime pour la religion chrétienne ; il assurait Sa Sainteté qu'il protégerait les chrétiens, ses sujets, d'une manière spéciale. Quant au Bouddhisme que je professe, ajoutait-il, il a été dénaturé par tant de fables et d'absurdités, que

je suis porté à croire qu'il ne tardera pas
à être anéanti. Cette phrase plut fort au
Saint-Père, qui s'écria : « Peut-être est-ce
« une prédiction qu'il fait là. » Sa Sainteté a déjà répondu au roi de Siam, lui
envoyant en signe d'amitié une pré-
cieuse mosaïque représentant une église
de Rome.

27. PROPAGATION DE LA FOI A SIAM.

En 1830, on ne comptait guère que
deux mille chrétiens dans cette Mission,
tandis qu'à présent ils s'élèvent déjà à
sept mille. Les conversions ont lieu
parmi les Annamites, et surtout parmi
les Chinois. Je dois faire observer que,
parmi ces derniers, les uns s'établissent
dans le pays, tandis que les autres, après
avoir amassé une petite fortune, s'en retournent en Chine.

Les missions de Canton, du *Kouei
tcheou* et de l'île d'*Hainan* comptent
parmi leurs chrétiens un grand nombre
de Chinois convertis et baptisés à Siam.

Presque toutes les femmes siamoises, mariées aux néophytes chinois, se convertissent avec leurs enfants, et il n'y a pas de doute que, si, comme il l'a promis, le roi actuel donne pleine liberté à son peuple sur ce point, un grand nombre de Siamois ne tardera pas à embrasser aussi la religion chrétienne.

28. PROTESTANTISME A SIAM.

Il y a 27 ans que des Ministres américains sont venus s'établir à Bangkok : les uns distribuent des médecines, les autres prêchent ou tiennent de petites écoles qui ne prospèrent pas. Mais leur grande et principale affaire est d'imprimer et de distribuer des versions de la Bible en Siamois et en Chinois; ils ont quatre presses en activité, ils font des dépenses énormes, leurs Bibles circulent par tout le pays, et cependant plusieurs personnes m'ont assuré qu'en 27 ans il n'ont pas baptisé 27 Chinois, et encore ceux qu'ils ont baptisés étaient des gens leur service. Les Siamois ne peuvent pas se persuader qu'on puisse être prêtre et marié en même temps ; aussi jamais n'appellent-ils les Ministres des Phra: (prêtres), mais toujours *Khru* (maîtres), ou bien *Mô* (médecins). D'ailleurs ces six familles de ministres sont divisées en trois sectes différentes, ce qui n'est pas fait pour inspirer de la confiance.

29. OEUVRE DE LA SAINTE-ENFANCE A SIAM.

Les épidémies, la petite vérole enlèvent chaque année une multitude d'enfants payens. Je me souviens qu'une fois, ayant pris avec moi un bon vieillard qui avait la dévotion de baptiser les enfants moribonds, nous arrêtâmes la barque devant un grand village; mon bon vieux, muni d'un bâton et d'une petite caisse à médecine, parcourut le village en tout sens. Deux heures après

je le vis revenir avec un air triom-
phant :

« Eh bien ! lui demandai-je, avez-vous
« trouvé des enfants malades ? — O Père,
« me répondit-il, la petite vérole fait de
« grands ravages, j'en ai baptisé soixante-
« cinq, et aucun n'en échappera. »

Quand nous aurons organisé un certain nombre de baptiseurs et baptiseuses, il n'y a pas de doute qu'on ne
puisse en baptiser plusieurs milliers
chaque année, vu que ceux qui donnent
des médecines *gratis* ont entrée partout,
et sont appelés de tous côtés. Mais ce
qui contribuera beaucoup à la propagation de la foi, c'est le rachat des petits
payens.

Les familles d'esclaves qui sont au
service des riches se défont volontiers
de leurs enfants en bas âge, et surtout
quand ils sont encore à la mamelle ; je
connais plusieurs femmes chrétiennes qui
s'en sont procuré sans aucun frais, d'autres en ont acheté pour une somme très
modique. Avec des ressources la Mis-

sion pourrait procurer chaque année aux familles chrétiennes des centaines de petits enfants qu'elles adopteraient, qui seraient baptisés, et ensuite élevés dans la religion chrétienne ; ça ferait autant de chrétiens de plus, et certes il est bien plus facile de faire des chrétiens comme cela, que de convertir les grandes personnes, ordinairement si attachées à leurs superstitions.

50. RESSOURCES DE LA MISSION.

Aperçu de ses besoins.

La Mission n'a pas d'autres ressources que l'allocation qui lui est faite chaque année par la Propagation de la Foi. La somme allouée est changée en livres sterling à Londres, puis en piastres à Singapore, enfin en ticaux à Bangkok. Ordinairement ces trois changes de monnaie diminuent la somme d'environ un cinquième. Maintenant voici le tableau de nos besoins et dépenses annuelles :

francs.

Viatique du vicaire apostolique,	1,300
Viatique de huit missionnaires,	5,200
Subside aux quatre prêtres indigènes,	1,000
Séminaire de trente élèves,	4,000
Quinze catéchistes,	3,000
Subside aux religieuses,	1,000
Dépenses d'imprimerie,	900
Dépenses communes, rameurs, barques de la Mission,	600
Viatique de deux nouveaux missionnaires, qui viennent de partir par Anvers,	1,300
Dette contractée par la Mission lors de la construction du Collége-Séminaire,	2,200
Pour fonder ou entretenir des écoles dans les provinces,	1,000
Total,	**21,500**

31. ENFANTS CHRÉTIENS
EN ESCLAVAGE CHEZ LES PAYENS.

Je termine ce mémoire par quelque chose de bien triste; je voudrais que tous ceux qui liront ces lignes en soient profondément affectés, et ressentent ce que je ressens moi-même. Un père a quatre ou cinq enfants qui fréquentent l'église et les écoles, et se préparent à la première communion. Tout-à-coup cet homme éprouve une perte considérable, ou tombe grièvement malade; ne pouvant plus nourrir sa famille, il contracte des dettes, il emprunte à usure chez les payens; au bout de deux ou trois ans un impitoyable créancier vient saisir ses pauvres enfants, qui, fondant en larmes, sont arrachés du toit paternel, et emmenés chez un maître barbare. Bientôt le mari d'un côté, la femme de l'autre, cherchent à pervertir ces innocentes créatures : s'ils les voient prier, ils les frappent du rotin; ils ne les laisseront pas aller à l'église une seule fois dans l'année; s'ils y vont furtivement le dimanche, on les bat, on les met à la chaîne; on force par toutes sortes de mauvais traitements les filles à adorer les talapoins, et à leur faire des offrandes; les garçons sont envoyés aux pagodes pour y recevoir une éducation diabolique; on finira même par les faire ordonner talapoins, et les filles, devenues nubiles, seront livrées malgré elles comme concubines ou femmes à quelque parent ou ami de leur maître. Voilà comment se perdent pour l'éternité tant d'âmes de pauvres enfants qui étaient si intéressants dans leur jeune âge! Il y a plusieurs centaines d'enfants qui sont dans cet état déplorable, et qui soupirent sans cesse après un libérateur. Combien de fois n'en est-il pas venu me trouver furtivement, fondre en larmes en me suppliant de les tirer, disaient-ils, des mains du démon! J'en ai fait racheter autant que j'ai pu par les familles chrétiennes qui sont à l'aise; mais il en reste encore beaucoup pour qui je n'ai rien pu faire. J'aurai l'honneur d'exposer à MM. les membres du Conseil de la Propagation de la Foi un projet que j'ai formé depuis bien longtemps, par le moyen duquel, sans beaucoup de dépense, on pourrait non-seulement racheter tous ces pauvres enfants chrétiens, mais encore se procurer une multitude d'enfants payens qui embrasseraient le christianisme, et contribueraient ainsi à la propagation de la Foi dans la Mission de Siam.

Paris, 3 août 1853.

† Jean-Baptiste **PALLEGOIX**,

Évêque de Mallos, Vicaire apostolique de Siam.

Beaune, imp. BLONDEAU-DEJUSSIEU, place Monge, 20.

NOTE EXPLICATIVE

Pour les personnes qui auraient l'intention d'offrir quelque chose à la mission de Siam.

***

Les choses dont on a besoin dans la Mission sont :

1° Des ojets pour le culte divion ou pour orner les églises, comme calices, ciboires, ornements, aubes, nappes d'autel, soieries, franges, galons, burettes, tableaux, Christs, statuettes, tapis, rideaux, aubes pour les enfants de chœur, toile de coton rouge, dentelles, broderies, rubans, cadres, miroirs, fleurs artificielles, chandeliers, pots de fleurs en porcelaine, etc., etc.

2° Objets pour l'usage des missionnaires, comme mouchoirs, étoffes de soie ou de coton blanc, noir, bleu ou violet; papier de lettre, papier à écrire, crayons, cire d'Espagne, plumes, étoffes pour surplis, rochets, etc.

3° Objets de piété pour les néophytes, à savoir : statuettes, petits Christs, médailles; images en couleur petites et grandes; chapelets en grains de verre de toute couleur, en coco, en os rouge; tous montés en cuivre et cuivre argenté, ou en fil d'argent; petits cadres, etc.

4° Etoffes, linge et habits pour les religieuses, pour les orphelins et les petites orphelines payennes rachetées par la Sainte-Enfance,

toute espèce de linge ou étoffe neuf
ou vieux, et de quelque couleur que
ce soit, peut très bien servir, excepté
le drap, les tricots et les étoffes trop
grossières, car le pays est trop chaud ;
des boîtes à ouvrage, couteaux, ci-
seaux, épingles, aiguilles, lacets,
dés à coudre, etc., etc., seront très
utiles.

5° Objets pour donner en cadeau, ou pour
récompenser les services, à savoir :
objets d'art et de curiosité, objets de
quincaillerie, de verrerie, de parfu-
merie, flacons, petits miroirs, lu-
nettes, petites boîtes, bijoux, bour-
ses en grains, gravures, petits cadres, verres et vues d'optique, et en
général tout ce qui peut être curieux
pour un pays où il n'y a que des chi-
noiseries et presque pas d'articles
européens.

Toutes les personnes qui offriront quelque chose recevront le portrait de
Mgr l'Evêque de Siam, avec le Mé-

...moire sur sa Mission, seront ins-
crites dans le catalogue des bien-
faiteurs de la Mission, et forme-
ront union de prières avec l'Evêque
et les Missionnaires.